JN437392

지금은 쉬는 시간

지금은 쉬는 시간

도서
출판 띠앗

시집을 내면서

때 아닌 4월에
하늘에서 내리는 하얀 송이를 보며…

어려서부터 글 쓰는 것, 그것은 나에게 떨어질 수 없는 친한 친구였다. 남들보다 뛰어난 글 솜씨가 있었던 것은 아니지만 내 마음을 담아낼 수 있는 글을 책으로 만들어 보는 것은 정말 흥분되면서도, 한편으로는 불안한 마음을 피할 수 없었다.

그러나 고등학교의 생활 속에 힘들고 피곤할 때 자신에게 하고 싶었던 말, 일상생활을 표현하고 싶었던 것을 시라는 짧은 글로 담아 내 자신을 표현한 것이라 미흡하지만, 그래도 그 속에 내가 존재한다는 것에 마냥 행복감을 느낀다.

'휴식'은 내가 쓴 글 중에서도 마음에 드는 시 중의 하나이다. 나 또한 이 글을 쓰며 내 일상이 늘 다람쥐 쳇바퀴 돌듯이 돌아가지만 또 다른 도약을 위해 지금 막 비상의 준비를 마친 내 마음을 담았기에 그러하다.

이 시집을 내면서 고등학교 1학년 때에는 내가 어떠한 생각을 했는지 또 2학년 때는 저런 생각을 했구나 하며 그 시절을 되돌아볼 수 있는 좋은 시간이었다.

나에게 있어서 시를 쓴다는 것은 내 자신과의 대화이자 나를 나타내는 표현수단이다. 또한 힘들 때에 자신을 위로하고 다독여 주며 조언을 주는 멘토와 같은 존재이다.

수험생이라는 시간의 제약에서 많이 힘들기는 했지만 이런 시간을 보낼 수 있었다는 게 즐거웠다.

모든 면에서 미숙한 나로서는 이 책을 펴냄으로써 내가 도약을 하기 위한 또 다른 준비이자 휴식이 될 수 있는 좋은 기회가 된 것 같다.

마지막으로 이 책을 내는 데 도움을 주신 모든 분들에게 감사드립니다. 사랑합니다.

- 양윤정

❦ 詩集発刊に当って

季節外れの4月に
舞い降りてくる白い妖精を見詰めながら…

他人よりはずば抜けてうまいと言うわけではなかったが、私の思いを込めて書いたものを本にするということは本当にワクワクすることであったが、その反面、不安でもあった。

しかし、高校生活の中で辛いときや疲れたとき、私自身に言ってあげたい言葉、日常生活を表現したかったのを詩という短い文章へと私の気持を詰め込むため、少し未熟かも知れないが、それでもその中に私が存在するという幸せを感じた。

'休憩'は私が書いた詩の中でも気の入っている詩の一つである。私もこの詩を書きながら私の日常がいつも同じのように回っているけれど、また新しい明日を歩むため、新しい１歩を踏み出す準備を整えた私の気持を詰め込んだからである。

この詩集を出すに当り、高校1年生の時は私がこんな事を思っていたんだ、高校2年生の時はこんな事を考えていたんだと思い出せる良いチャンスであった。

私にとって詩を書くことは、私自身との会話であり、私を表す手段でもある。また、辛いときには私自身を慰め、勇気を与え、そしてアドバイスをしてくれる助言者のような存在だ。

受験生であるため、時間が限られていたため、少し大変だったが、このような時間を過ごせて良かったと心から思っている。

まだまだ未熟である私がこの詩集を出し、また新しい一歩を踏み出すための準備ができた良い機会であった。

最後に、この本を発行するため手伝ってくださった全ての方々に感謝の言葉を送ります。皆さん大好きです。

- 楊允晶

❦ 시평에 즈음하여

처음에 이 시평을 부탁받았을 때에는 여러 가지 생각이 많이 들었다. 한글로 된 시를 일본어로 번역·표현한다는 것이 참신하다는 생각도 들었지만, 먼저 생각되는 것은 과연 가능할까? 한글로 표현된 그 느낌 그대로 전달될 수 있을까? 등의 의문이 앞섰다.

그러나 윤정 학생의 시를 본 순간 나의 그러한 걱정은 눈 녹듯이 사라져 갔다. 시 한편 한편에서 글쓴이의 자연이나 사물을 묘사한 모습, 미래를 꿈꾸는 마음, 자신의 생활 속에 순수하고 고운 마음의 세계를 그려내는 발전적인 모습을 일본어로 자연스럽게 잘 표현했기 때문이다.

이 시는 단지 그 시 자체보다 글쓴이의 모국어가 아닌 타국어로 자신의 생각을 표현하여 양국의 독자에게 전하려고 노력했다는 점에서 높이 평가할 수 있다.

일반적으로 글을 번역할 경우 해당 언어를 어느 정도 할 줄 아는 사람이라면 누구든지 가능하고, 그렇게 번역된 책들을 우리는 쉽게 접할 수 있다.

그러나 시는 글쓴이가 마음속에 그리고 있는 생각, 표현하고자 하는 내용, 직접적인 설명보다는 간접적인 표현들을 더 많이 함축하고 있기 때문에 그 글을 쓰지 않고, 설사 번역에 능통한 사람이라도 감수성이 풍부하지 않을 경우, 글쓴이의 마음을 제대로 표현할 수는 없다고 생각한다. 그러므로 이 시는 작가 본인이 직접 쓰고 또한 직접 일본어로 표현한 것이기에 그 전달에 있어서 자연스러움이 충분히 배어 있다고 본다.

아직은 글쓴이가 고 3이라는 점에서 깊고 심오한 표현보다, 부모님의 사랑, 희망찬 미래, 꿈, 친구의 우정 등을 통해 누구나 읽기 쉽고 마음에 와 닿는 언어를 선택하여 표현하였다는 점이 특히 좋았다.

마지막으로 이 책은 단순한 시집을 떠나 일본어의 시적 표현을 공부하고자 하는 사람들에게 좋은 참고가 되리라고 생각된다.

2010년 4월 기쁜 날에

단국대학교 일어일문학과

교수 다바타 미쓰코

❦ この詩の鑑賞をまえに

突然、この詩の評価を頼まれたときにはいろんなことを思った。韓国語で書いた詩を日本語で翻訳、表現することは斬新なアイディアであるとは思ったが、果たして可能であるか、韓国語の表現がそのまま伝えられるか、という疑問が浮んだ。しかし、彼女の詩を読んだ瞬間、私の心配は雪が溶けてなくなってしまうかのように消えた。詩の一編一編に彼女が見た自然や物事を描いたり、未来を夢見る心、そして自分の日常生活の中で見つけた純粋で優しい心の世界を書き出す発展的な態度を日本語で自然に表現できたからである。

この詩は、単なる詩以上に彼女の母国語でなく他国の言葉で自分の考えを表現し、両国の読者に彼女の思いを伝えようと努力した点で高く評価されるものである。一般的に文章を翻訳する場合、その言語をある程度できる人ならば誰でも翻訳することができ、またそのように翻訳されているものと私達は容易に接することができる。

しかし、詩というものは作家が心の中の思い、表現しようとする内容、直接的な説明よりも間接的な表現等をもっと多く含んでいるので、それを書かずにはいくら翻訳に慣れている人であっても感情が豊かでない場合、作家の気持を十分に表現できないと思う。したがって、この詩は彼女自身が直接書き、また直接日本語で表現したものであるため自然な想いが十分に伝わってくると言える。

作家がまだ高校3年生であるから素材の幅は広いとは言えないが、親の愛、希望に満ちた未来、夢、友達との友情等を取り扱い、誰にも読み易く、感動を呼び起こせる言葉を選んで表現したところが特に良かった。

最後に、この本は単純な詩集であるというよりも日本語の詩的表現を学ぼうとする読者に良い参考になると思う。

2010年 4月 吉日

檀国大学校 日語日文学科

教授 田畑光子

❦ 차 례

Chapter · 1

Chapter · 2

Chapter · 3

Chapter · 1

이 모든 것을
당신과 나누고 싶습니다

만남

꿈을 가졌습니다
큰 꿈을

사랑을 받았습니다
아주 깊은 사랑을

희망을 주었습니다
끝없는 희망을

믿음을 새겼습니다
영원한 믿음을

행복을 원하였습니다
함께할 행복을

이 모든 것을
당신과 나누고 싶습니다

出会い

夢を抱きました
大きな夢を

愛をもらいました
とても深い愛を

希望を与えました
絶えない希望を

信頼を刻みました
永遠に信じることを

幸福を願いました
共にする幸福を

このすべてのことを
あなたと共にしたいです

엇갈림

희망이란
향기를 실은 바람이
내 마음을 두드리네

힘내
힘내
넌 할 수 있어
조금은 아프지만
내 마음을 두드리네

절망이란
향기를 실은 바람이
내 곁에서 떠나네

미안해
미안해
널 아프게 해서
조금은 서운하지만
내 곁에서 떠나네

すれ違い

希望という
香りを載せた風が
私の心を叩いている

頑張れ
頑張れ
あなたはできるよ
少しはいたいけれど
私の心を叩いている

絶望という
香りをはこぶ風が
私のそばから離れてゆく

ごめんね
ごめんね
あなたを傷付けて
すこしは寂しいけど
私のそばから離れてゆく

시작

포근한 햇살이
창문 가득 내리면
엄마는 정원으로 통하는 문을 연다

온종일
정원에서 쭈그리고 앉은
엄마 모습에서
봄을 느낀다

올해도
씨앗을 심는
엄마 손길에서
봄이 시작됐다

쑥쑥 쑥쑥
어서 자라라
엄마의 정성 열매

대롱 대롱
힘차게 매달려라
엄마의 사랑 열매

始まり

心暖かい日差しが
窓いっぱいあふれると
母は庭に通じる門を開ける

一日中
庭で座りこんでいる
母の姿から
私は春を感じる

今年も
種を撒いている
母の手先に
春はもう始まった

ぐんぐん
早く大きくなれ
母の心のこもった実

しっかりと
力強く実れ
母の愛のある実

틀

'나'라는 상자에
나를 넣었다

'너'라는 상자에
너를 넣었다

'우리'라는 상자에
우리를 넣었다

주어진 상자에
우리를 넣고
우린 다시
상자 밖 세상을 그린다

枠

‘わたし’という枠に
私をいれた

‘あなた’という枠に
あなたをいれた

‘私達’という枠に
私達をいれた

与えられた枠に
私達をいれ
私達はまた
枠の外の世界を夢見る

동행

아무리 멀리하려 해도
내 곁에서 떨어지지 않는
슬픔이란 녀석이
내 안에 자리 잡고 있다

아무리 꼭 안으려 해도
내 안에 쏘옥 들어오지 않는
행복이란 녀석이
나를 애타게 한다

내가 원하는 것
원하지 않는 것
그 모든 것이
나와 함께한다

同行

どんなに離れようとしても
私のそばから離れようとしない
悲しみという奴が
心の中にいる

どんなに抱きしめようとしても
私の中に完全に入ってこない
幸福という奴が
私を焦らせる

私が願うもの
願っていないもの
そのすべてのものが
私と共にいる

초보 운전

콩 콩 콩
쿵 쿵 쿵
어디선가 울려 퍼지는 메아리?

두근 두근
콩닥 콩닥
어디선가 울려 퍼지는 메아리?

우리 엄마 초보 운전에
내 가슴에 울려 퍼지는 하모니

부~르~릉 끽
부~르~릉 끽
설까 말까 갈까 말까
우리 엄마 초보 운전

初心者運転

コンコンコン
ドンドンドン
どこからか響いてくるエコー?

ドキドキ
トクントクン
どこからか響いてくるエコー?

ママの初心者運転
私の心に響くハーモニー

ブルルーンキィィッ
ブルルーンキィィッ
止まろうか止まらないか
行こうか行かまいか
ママの初心者運転

속삭임

사랑의 바람에
내 몸을 실었습니다
질투란 놈이
나에게 속삭인다
사랑이란 아주 힘든 거야

행복의 향기에
내 마음을 적셨습니다
불행이란 놈이
나에게 속삭인다
행복이란 물거품 같은 거야

희망의 속삭임에
나의 꿈을 꾸었습니다
절망이란 놈이
나에게 속삭인다
희망이란 뜬구름 같은 거야

그러나 그 속삭임을 멀리하겠습니다

誘惑

愛の風に
身を乗せる
嫉妬という奴が
私にささやく
愛はとても難しいわ

幸福の香りに
心を濡らす
不幸という奴が
私にささやく
幸福とは水の泡みたいなもの

希望の風船に
夢をみる
絶望という奴が
私にささやく
希望とは浮雲みたいなもの

でも、いまそのささやきは聞こえない

배움

한 자에
꿈을 싣고

한 자에
희망을 싣고

한 자에
미래를 싣고

한 자 한 자
마음을 담아
머리에 새깁니다
내일의 나를 위해

学び

ひと文字に
夢をのせ

ひと文字に
希望をのせ

ひと文字に
未来をのせ

ひと文字、ひと文字
全力を尽くし
頭に刻みます
あしたの私のため

시간

내가 장거리 선수가 되면
넌 단거리 선수가 되고

내가 단거리 선수가 되면
넌 장거리 선수가 되지

왜?
왜?

내가 장거리 선수가 되면
너도 장거리 선수가 되어 주고

내가 단거리 선수가 되면
너도 단거리 선수가 되어
함께 뛰어 주면 좋을 걸

時間

私が長距離選手になると
君は短距離選手になり

私が短距離選手になると
君は長距離選手になり

どうして？
どうして？

私が長距離選手になったら
君も長距離選手になってくれ

私が短距離選手になったら
君も短距離選手になって
一緒に走ってくれたらいいのに

꽃밭

매일 매일
나의 작은 꽃밭에
꿈의 씨앗을 심으며
나에게 말했습니다
"넌 할 수 있어…"

힘들고 괴로울 때
불안하고 절망스러울 때
나는 작은 꽃밭에
희망이란 물을
듬뿍 뿌려줍니다.
"넌 할 수 있어…"

고난과 절망의 바람이
꽃잎을 흔들어도
난 작은 꽃밭에
믿음이란 뿌리를 깊게
아주 깊게 내리겠습니다
"넌 할 수 있어…!!"

花畑

毎日毎日
あたしの小さな花畑に
夢の種を撒き
あたしにつぶやく
“あなたならできる…”

辛くて苦しいとき
不安で絶望的なとき
あたしは小さな花畑に
希望と言う水を
いっぱいあげた
“あなたならできる…”

苦難と絶望の風に
花びらが揺いでも
あたしは小さな花畑に
信じると言う根を
深く深く下ろす
“あなたならできる…!!”

태양

때론 부드럽게
나에게 행복을 주는 너

때론 화사하게
나를 빛나게 하는 너

때론 강렬하게
나를 안아주는 너

때론 아프게
나를 움츠리게 하는 너

늘 다른 모습으로
나와 함께하는 너

太陽

時には優しく
私に幸せをくれる君

時には華やかに
私を輝かせてくれる君

時には強く
私を抱きしめてくれる君

時には痛く
私を萎縮させる君

いつも違う姿で
私と一緒にいてくれる君

준비

파란 꿈을 꾸기 위해
하얀 마음을 갖겠습니다

행복한 꿈을 꾸기 위해
사랑의 마음을 갖겠습니다

평화의 꿈을 꾸기 위해
봉사의 마음을 갖겠습니다

꿈을 위해
나를 먼저 낮추겠습니다

準備

青い夢をみるため
白い心をもちます

幸せの夢をみるため
愛の心をもちます

平和の夢をみるため
奉仕の心をもちます

夢のため
先に私が頭を下げます

거울

당신의 행복이 담긴 음식
사랑이 담긴 말을 들으며
당신을 닮고 싶습니다

당신의 희생이 담긴 행동
고뇌가 담긴 생각 속에
당신을 닮고 싶습니다

당신의 따스한 눈빛
정다운 대화를 나누며
당신을 닮고 싶습니다

당신의 좌절과 슬픔
사랑과 행복 속에서
영원히 당신의 딸이고 싶습니다

鏡

あなたの幸福が込められた食べ物
愛が込まった言葉を聞き
あなたのようになりたい

あなたの犠牲が込まった行動
悩みが込まった思いの中で
あなたのようになりたい

あなたの優しい視線
仲よく話をしながら
あなたのようになりたい

あなたの挫折と悲しみ
愛と幸福の中で
永遠にあなたの娘でいたい

Chapter · 2

모든 게 갖추어지지 않았기에
나는 오늘 또 내 길을 걷고 있지요

친구

슬픔을 알았기에
기쁨이란 친구가 생겼습니다

좌절을 알았기에
희망이란 친구가 생겼습니다

실패를 알았기에
성공이란 친구가 생겼습니다

지금이라는 세상에 살기에
미래라는 친구를 기다립니다

이 모든 것이 있기에
나는 행복합니다

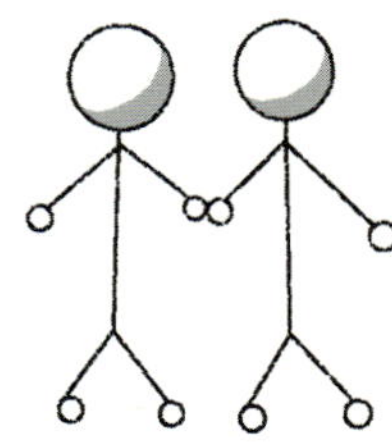

友

悲しみを知り
楽しみという友ができました

挫折を知り
希望という友ができました

失敗を知り
成功という友ができました

今という世界に生き
未来という友を待ちます

このすべてがあるから
私は幸せです

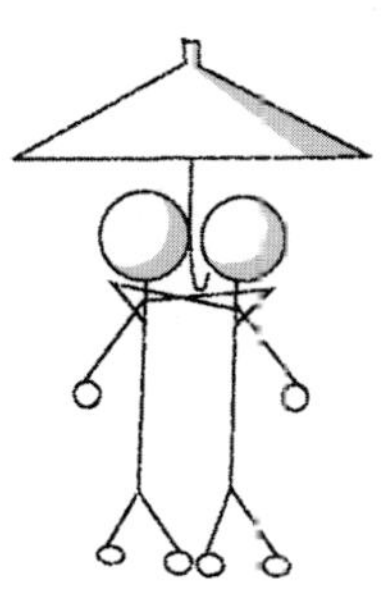

부모님

내가 가장 힘들 때
저보다 더 힘든
사람이 있었습니다

내가 가장 고통스러울 때
저보다 더 고통스런
사람이 있었습니다

내가 가장 외로울 때
저보다 더 외로운
사람이 있었습니다

항상 함께 있기에
몰랐습니다
항상 함께 있기에
몰랐습니다

両親

私がすごく辛いとき
私よりも辛い
人がいました

私がすごく苦しいとき
私よりも苦しい
人がいました

私がすごく寂しいとき
私よりも寂しい
人がいました

いつも一緒にいたから
知りませんでした
いつも一緒にいたから
知りませんでした

소중한 친구

산기슭을 타고
나에게 올 때
넌 졸졸졸
나를 부르지

하늘에서
나에게 올 때
넌 주룩주룩
나를 부르지

바다에서
나에게 올 때
넌 쏴아 쏴아
나를 부르지

부르는 소리 달라도
언제나 너는 나의 소중한 친구

大切な友

麓を通って
私に来るとき
君はサササー
私を呼ぶ

空から
私に降るとき
君はパラパラ
私を呼ぶ

海から
私に来るとき
君はザーザー
私を呼ぶ

呼んでる声は違うけど
君は私の大切な友達

재기

시간은 나 하나를
기다려 줄 만큼
친절하진 않았다

놓쳐 버린 그녀
등 돌린 그녀를
잡을 수 없었다

돌 뿌리에 넘어진 나를
기다려 줄 만큼
그녀는 친절하지 않았다

가만히 거울에 비친
내 눈동자에선
부끄러움이 보인다

볼을 타고 내리는
이 액체와
시들어 버린 해바라기

내가 다시
해바라기 씨를 심을 때
해를 바라볼 수 있도록

해바라기가
해를 바라볼 때쯤
거울에 비친 내 눈동자엔
무엇이 보일까…

再起

私を待ってくれるほど
時間は
親切ではない

失ってしまった彼女
さってしまった彼女は
もう私のそばにはいない

転んだ私を
待ってくれるほど
彼女は親切じゃなかった

鏡に映った
私の瞳に
恥ずかしさがうつる

頬にながれる
この液体と
枯れてしまったひまわり

もう一度
ひまわりの種を撒いて
太陽を見上げられるよう

そのひまわりが
太陽を見上げる時
鏡に映った瞳には
何が見えるだろう…

새를 꿈꾸며

하늘 아래를 달린다
저 하늘을 나는 새를 꿈꾸며

두 손을 벌렸다
새처럼 저 멀리 날고파

세상은 넓은 거야 아버지는 말했다
내 눈에 보이는 건 아주 작은 세상

저 멀리 새처럼 날아
넓은 세상을 보고 싶다
하늘을 나는 새처럼

나는 날고 싶었다
지금 하늘 높이 나는
저 새처럼 멀리 멀리…
오늘도 높이 나는 새를 꿈꾸며

鳥をえがく

空の下で
空を飛ぶ鳥を夢見ながら

両手を広げた
鳥のように遠くへ飛びたい

世界は広いとパパはいった
私に見えるのは小さな世界

鳥のように遠く飛び
ひろい世界を見てみたい
空を飛んでる鳥のように

私も飛びたい
空高く飛んでいる
あの鳥のように高く高く…
今日も鳥を夢見ながら

더 큰 기쁨

기쁨이란
유명한 화가의 그림을 감탄하는 것이 아닌
이름도 모르는 꽃을 아름답다고 생각하는 것

기쁨이란
많은 지식을 갖고 있는 것이 아닌
작은 지식을 활용할 줄 아는 것이며

기쁨이란
누군가에게 손을 내미는 것이 아닌
누군가에게 손을 내어 줄 수 있는 것이며

기쁨이란
모든 것을 가지고 있는 것이 아닌
하나씩 채워 나가는 것이며

기쁨이란
상대를 미소 짓게만 하는 것이 아닌
그의 눈물도 닦아 줄 수 있는 것이며

기쁨이란
쉽게 보여도 결코 쉽지 않은
모든 사람이 바라는 것이다

大きな喜び

喜びとは
有名な画家の絵を感嘆することでなく
名も知らない花を美しいと思うこと

喜びとは
多くの知識をもってることでなく
少しの知識を活用すること

喜びとは
だれかに手を差し出すことでなく
だれかの手をつかむこと

喜びとは
全てのものをもつことでなく
一つ一つ少しずつ補うこと

喜びとは
相手を笑顔にすることでなく
彼らの涙もふいてあげること

喜びとは
簡単に見えてもけっしてそうでない
皆が望むことである

세상의 시작

어두캄캄한 밤
닭 우는 소리 없는데
너 이 길을 걸었네

너 이 길을 걷자
대지가 생겨
물이 그곳을 흐르네

너 이 길을 걷자
빛이 생기기 시작했고
어둠과 빛으로 낮이 생겼네

너 그곳을 걷자
짐승의 우는 소리 나고
그들이 더욱 빛을 밝히네

너 그들을 보자
너와 닮은 것들이
하나씩 살기 시작하네

너 그 길을 걷자
이곳이 생겼네

너 이 길을 걷자
모든 것이 시작되었네

黎明

闇の中
鶏の泣き声もないのに
この道を歩いた

この道を歩くと
大地ができ
水は流れ

この道を歩くと
光が差しはじめ
闇と光で夜が明ける

この道を歩くと
新しい生命は生まれ
光を強くする

彼らを見つめると
似た生命が
一つ一つまた生まれる

この道を歩くと
この場所が生まれ

この道を歩くと
すべてのものが始まる

인어공주의 사랑

바라는 건 한 가지입니다
비록 나와는 다른 당신에게
목이 메여 목소리가
나오지 않더라도
그대 곁에 한순간이라도
더 머물고 싶었습니다

비록 그대의 눈빛이, 사랑이
나에게 있지는 않아도
그대 옆에 한순간이라도
더 서 있고 싶었습니다

내가 갖고 싶었던 것
바라던 것은 한 가지입니다
다른 무언가가 아닌
당신 곁에서 한순간이라도
더 웃어 보는 것이었습니다

人魚姫の恋

望むのはたった一つ
私とは違うあなたに
喉がつまり声が出なくても
一瞬でもあなたのそばに
もっといたかったのです

あなたの視線が、愛が
私に止まっていなくても
一瞬でもあなたのそばに
もっといたかったのです

私がほしかったもの
望んでいたのはたった一つ
他の何かじゃない
あなたのそばで一瞬でも
もっと笑っていることでした

꿈

나는 꿈을 꾼다
무대 아래에서
무대 위에 오른 그들을
매일 매일…
'부러웠다' ― 그들이
'슬펐다' ― 내 자신이
그리고…
'나도 오르고 싶다' ― 저 위에

나는 꿈을 꾼다
무대 위, 한가운데
껌껌한 어둠 속, 빛 한줄기
그곳에…
서 있는 나를 본다
미소 짓는 나를
나는 꿈을 꾼다
매일, 매일, 매일…

夢

私は夢をみる
舞台の下で
舞台の上に立つ人々を
毎日毎日…
‘うらやましかった’ — 彼らが
‘悲しかった’ — 自分自身が
そして…
‘私も立ってみたい’ — あの上に

私は夢をみる
舞台の上、その真ん中
真っ暗な闇の中、一つの光
そこに…
立っている私を見る
微笑んでいる私を
私は夢みる
毎日，毎日，毎日…

나의 길

만약에 내가 천재라면
나는 노력이란 단어를 몰랐겠죠

만약에 내가 부자라면
나는 고마움이란 단어를 몰랐겠죠

만약에 내가 인기가 많았다면
나는 외로움을 몰랐겠죠

모든 게 완벽하지 않기에
나는 지금 존재하죠

모든 게 갖추어지지 않았기에
나는 오늘 또 내 길을 걷고 있지요

私の道

私が天才なら
努力という言葉はわかるはずない

私が金持ちなら
感謝という言葉はわかるはずない

私が人気者なら
寂しさはわかるはずない

すべてのことが足りないから
今ここに存在する

すべてのものを叶えるために
今日もまた私の道を歩んでいる

사랑

쿵쿵쿵…
누군가 문을 두드리네요
쿵쿵쿵…
열어 달라고 열어 달라고
쿵쿵쿵…

후끈 후끈
열이 오르락 내리락
후끈 후끈
새빨개지도록
후끈 후끈

반짝 반짝
세상이 빛나 보이네요
반짝 반짝
뭔가 새로워 보이죠
반짝 반짝

쿵쿵쿵 열어 달라고
후끈 후끈 빨개지도록
반짝 반짝 빛나 보이는
이것을 사람들이
사랑이라 부르나 봐요

恋

コンコンコン
誰かがドアをたたいている
コンコンコン
'あけて，あけて'
コンコンコン

ポカポカ
ねつが上がったり下がったり
ポカポカ
真っ赤になるほど
ぽかぽか

キラキラ
世界が輝いて見える
キラキラ
何かが新しい気がする
キラキラ

コンコン開けて、と
ポカポカ赤くなるほど
キラキラ光っている
これをみんなは
恋と呼ぶ

휴식

제자리걸음
난 움직이지 못해
제자리걸음
더 멀리 더 멀리
가고 싶은데…
저 넓은 하늘을
보고 싶은데
난 제자리걸음

나무 위에 앉아 있던
나와 같은 너
저 하늘을
보기만 하던 너
푸드드득
너는 내게 생각만 남기고
저 높이…
아아,
나만 제자리걸음

더 높이 더 멀리
날아오르기 위해
나 또한 휴식을 끝내리
자아,
한 발 내딛어 보자

休憩

足踏み
進めない
足踏み
もっと遠く遠く
行ってみたいのに…
あの広い空を
見たいのに
足踏み

木に止まっていた
誰かと似ていた君
あの空を
眺めてばかりいた君
バタバタッ
君はここに何かを残し
空高く…
ああ、
足踏み

飛び立つために
もっと高く高く
休憩を止めよう
さあ、
一歩前へ

하늘

늘 하늘을 올려보던 너
이곳을 떠나
더 넓은 곳에서
자유로워지길 원했지

우리에게 너는
아름다웠다고
즐거웠다고
그 말만 남기고

세상이 하얗게 변하던 날
마술 상자 속
주인공처럼
사라져 버렸지

너 떠나간 하늘이
우리 다시 만날 때
물어 보겠네
"친구야 외롭지 않았니?"라고…

天

いつも空を見つめていた君
私達のそばから離れ
もっと広いところで
自由を求めていたね

私達に君は
美しかった
楽しかった、と
短い言葉だけを残し

世界が銀白の色に染まった日
魔法箱の中の
主人公のように
消えてしまったね

君が去って行った空
再会の時
聞いてみるよ
“友よ、寂しかった?”と…

Chapter · 3

나를 바라보던 당신의 눈빛
너무나 부드러워
내 눈 속에 그대로 담았습니다

쉬는 시간

별과 함께 시작되는
우리들의 수다소리가
메아리치는 지금은 쉬는 시간

막 지루해지려는 여행을
끝내고 도착한
짧고 달콤한 역(驛)
지금은 쉬는 시간

창가에서 느끼는 따스한 햇살
내 손 가득 담고
꿈꾸는 지금은 쉬는 시간

나 잠시 이곳에서
새로운 여행준비에
설레이는 지금은 쉬는 시간

休み時間

星と一緒に始まる
私達のおしゃべりが
廊下でエコーする今は休み時間

ちょうど退屈になった旅を
終えて到着した
ショートで甘いステーション
今は休み時間

窓側で感じる暖かな日差し
手一杯つかんで
夢見る今は休み時間

ここでしばらく
新しい旅の準備
ワクワクする今は休み時間

길

오늘
주어진 일을 하며
나의 미래를 생각한다

내일
같은 꿈을 꾸며
나에게 희망을 준다

모레
같은 길을 가며
나의 꿈을 이룬다

오늘, 내일, 모레
모든 것이 나와 함께한다
가끔은 힘들지라도…

道

今日
与えられたことをしながら
未来を設計してみる

明日
同じ夢をみて
希望をもつ

明後日
同じ道を踏み
夢を叶える

今日、明日、明後日
すべてが私と共にする
たまには苦しくても…

3학년 6반

우리 반에는
38개의 작지만 큰 나라가 있습니다

욕심이 많은 지도자
마음이 약한 지도자
희생정신이 강한 지도자
운동을 좋아하는 지도자
이야기를 참 잘하는 지도자

생각이 서로 달라 싸울 때도 있지만
자신의 나라를 사랑하고
자신만의 나라를 튼튼히 만드는
작고 큰 나라 38개가 있습니다

3年6組

うちのクラスには
38個の小さくて大きな国がある

欲張りな指導者
心の優しい指導者
犠牲精神の強い指導者
運動好きな指導者
話がうまい指導者

お互いの考えが違うから
ケンカもするけど
自分の国を愛し
自分の国を丈夫にする
小さくて大きな38個の国がある

일요일

가장 예쁜 옷을 입고
누구보다 깨끗한 마음으로
그분을 만나러 갑니다

마음이 조금은 슬프지만
그분을 만나면 행복해질 것을
알기에
지금 그분을 만나러 갑니다

월요일~토요일
내 친구가 되어
힘들고 외로울 때에 함께해 줄
그분을 만나러 갑니다
내가 사랑하는 그분을…

日曜日

一番かわいい服を着て
誰よりも綺麗な心で
その方に会いに行きます

少し心は寂しいけど
その方にあえたら幸せになると
知っているので
今その方に会いに行きます

月曜日～土曜日
私の友達になり
苦しい時、寂しい時、共に過ごす
その方に会いに行きます
私が愛するその方に…

나의 일상

아침이면 엄마의 부르는 소리
"사랑하는 딸 일어나라!"
"6시 50분이야 얼른 일어나!"
"얘가 정말 안 일어날 거니?"

매일 아침 똑같은 소리를 듣고
겨우 눈을 떠 본다
밤은 왜 이리 짧은 걸까?
학교는 왜 아침에 시작하는 걸까?
많은 생각을 해 보지만
정답은 보이지 않고

매일 아침 좀 더 잘 수 있길 바라며
가방 가득 인생을 넣어
학교로 향한다

日常

朝になると母の呼ぶ声
“愛する娘起なさい!”
“6時50分だよ！早く起きなさい!”
“ほ-んとに起きないの？”

毎朝同じ声を聞き
やっと目が覚める
どうして夜はこんなに短いのか？
学校はどうして朝始まるのか？
いろいろ考えても
正解は見えない

毎日朝寝坊を望み
カバンいっぱい人生を入れ
学校へ向かう

모두에게

부모님에게
항상 걱정과 근심을 드리지만
언젠가는 당신이 힘들고 외로울 때
제 어깨에 기대 쉴 수 있고
가끔은 저로 하여금
웃게 해 드릴 수 있는
그런 딸이고 싶습니다

자식에게
모든 것을 다 해 주지는 못해도
무슨 일이든 함께 아파하고
많은 이야기를 들어 주며
가슴 가득 사랑을 주는
그런 부모가 되고 싶습니다

친구에게
모든 고민을 해결해 줄 수는 없지만
필요할 때 도움이 되고
힘들 때 함께해 주며

따듯한 말을 잊지 않는
그런 친구이고 싶습니다

皆に

父母へ
いつも心配掛けるけど
いつかあなたが苦しくて悲しい時
私の肩によりかかり休めるように
時には私によって
笑顔でいられるような
そんな娘でいたいです

子供達へ
全べてあげることはできないけど
痛いときには一緒に痛み
話を沢山聞いてあげたり
心いっぱい愛をあげる
そんな母になりたいです

友達へ
あなたの悩みすべてを解決できないけど
助けを求める時助け合ったり
苦しいとき一緒にいて

心暖かい言葉を忘れない
そんな友達でいたいです

기도

매일 아침
집을 나설 때
성수(聖水)를 찍어
성호를 긋는다

성부와 성자와 성령의 이름으로
아멘
이 성호에 하느님께 바람을 담아
오늘 하루

나에게 주어진 것에
최선을 다할 수 있도록

祈り

毎朝
家から出かけるとき
聖水を手にし
聖号を記す

聖父と聖子と聖霊の聖名によって
アーメン
この聖号に神様への願いを込め
今日も

私に与えらたことに
最善を尽くせるように

계절

똑똑똑 똑똑똑
손님이 왔나 봐요

문 사이로 들어온
향그러운 꽃내음
봄이 왔나 보네

뜨거운 태양
후덥지근한 바람
여름이 찾아왔네

갈색 옷 입고
황금물결 찰랑찰랑
가을이다 가을이네

창문 너머 내리는 하얀 송이
따듯한 모닥불이 타면
겨울이 온 걸 느끼네

한 명씩 한 명씩
집 나가면 또
똑똑똑 똑똑똑
손님이 왔나 봐요

또다시 새 시작을
알 린 다

季節

コンコンコン
誰か来た様です

ドアの隙間から
甘い花の香り
春が来たようね

暑い太陽
蒸し暑い風
夏が訪れたようね

茶色の服着て
黄金の波チャプチャプ
秋だ、秋だね

窓の外に見える白い綿
暖かいたき火が燃えると
冬の訪れを感じる

一人一人
家をでると
コンコンコン
客が来た様です

また新たな始まりを
知 ら せ る

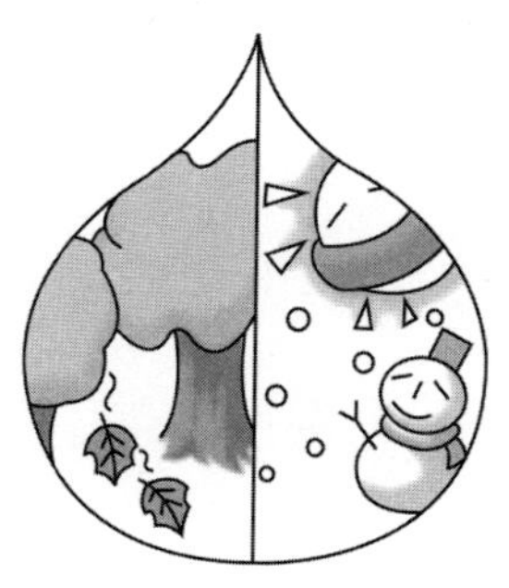

너와 나

퐁퐁퐁 산골짜기 작은 샘물
너의 시작 알리는 소리

졸졸졸 산길 따라 꿈의 여행
또 다른 너 만남의 소리

쏴~쏴~ 절벽 사이 신나는 모험
너의 젊음 넘치는 소리

찰싹 찰싹 뱃길 따라 잔잔한 정착
너의 평온함 느껴지는 소리

도르르 도르르 내 몸길 따라
퍼지는 메아리
너의 생명 나에게 느껴지는 소리

私と君

ポンポン山奥の小さな泉
君の始まり知らせる音

ジョロジョロ山道沿って夢の旅
また違う君との出会いの音

ザァザァ崖の中楽しい探検
君の生き生きしている音

ピチャピチャ船道沿って定着
君の平穏を感じさせる音

コロコロコロコロ私の体を伝い
広がるエコー
君の生命感じられる音

그들의 눈물

그들의 눈물을 보았나요
아무도 결코 닦아 줄 수 없는

그 눈물이 우리에게 묻습니다
오늘 하루는 어땠는지
내가 무엇을 보고 무엇을 느꼈는지

그 눈물은 우리에게 묻습니다
과연 내가 오늘을 위해 뭘 했는지
내가 내일을 향해 뭘 준비했는지

그들의 눈물을 보았나요
맑지만 결코 맑지 않은
그 눈물방울을

그들의 눈물을 보았나요
그 눈물은 우리에게 묻습니다
그 눈물의 의미를
아느냐고 말입니다

彼らの涙

彼らの涙を見ましたか
誰も拭いてくれることできない

涙は聞きます
今日はどうだったか
何を感じたか

涙は聞きます
果たして今日のために何をしたのか
明日のために何を準備したのか

彼らの涙を見ましたか
綺麗だけどけっして綺麗ではない
その涙を

彼らの涙を見ましたか
その涙は聞きます
その涙の意味を
知っているのかと

소망

나를 바라보던 당신의 눈빛
너무나 부드러워
내 눈 속에 그대로 담았습니다

나에게 하신 당신의 말씀
너무나 포근해
내 머리에 넣었습니다

나를 향한 당신의 손길
너무나 따듯해
내 손을 감쌌습니다

나를 향한 당신의 마음
너무나 아늑해
내 마음에 깔았습니다

당신의 모든 것을
제 것으로 하고 싶습니다

望み

私を見つめるあなたの視線
とても優しく
私の目にそのまま入れました

私にくださったあなたの話
とてもあたたかく
私の頭に入りました

私に伸ばしたあなたの手
とても温かく
私の手を包みました

私に向いたあなたの心
とても心強く
私の心に敷きました

あなたの全てを
私のものにしたいです

엄마의 기도

잠에서 깨어
제일 먼저 당신을 찾습니다

작은 촛불 두 개
그 불빛에 마음을 담아

오늘 하루
우리 가족이 행복하길…

오늘 하루
우리 가족이 남에게 도움이 되길…

오늘 하루
우리 가족이 무사히 돌아오길…

한 알 한 알에
정성을 듬뿍 담아

당신과 대화하는
엄마는 나의 수호천사입니다

ママのお祈り

夢から目覚め
1番にあなたを探します

小さなキャンドルふたつ
その光に心を込め

今日一日
私達家族が幸せであるよう

今日一日
私達家族が他の人の助けになるよう

今日一日
私達家族が無事に帰って来れるように

一粒、一粒
心を込め

あなたと話す

ママは私の守護天使

미래

무엇을 하고 싶고
어떤 사람이 되고 싶니?
어른들은 쉴 새 없이 묻는다

무엇을 할까?
어떤 사람이 될까?
자신에게 묻지만

하고 싶은 것도
되고 싶은 것도
너무 많아

좀 더 많은 것을 보고
좀 더 많은 꿈을 꾸며
질문에 답하겠습니다

未来

何をして
どんな人になりたい？
大人達は絶えず聞く

何をしたい？
どんな人になろう？
自分に聞いてみるけど

やってみたいことも
なりたいのも
沢山ありすぎて

もっと沢山見て
もっと沢山の夢を描いて
その質問に答えます

소중한 나

다른 사람보다 난
뛰어나게 예쁘지 않다

다른 사람보다 난
뛰어나게 머리가 좋지 않다

다른 사람보다 난
뛰어나게 노래를 잘 부르지 못한다

다른 사람보다 난
뛰어나게 운동을 잘하지 못한다

그러나 난 내게 있어
언제나 최고이고
최고가 되기 위해 노력하는
나를 사랑한다

大切な私

他の人より私は
特別可愛くはない

他の人より私は
特別頭が良くはない

他の人より私は
特別歌がうまいわけでもない

他の人より私は
特別運動ができるわけでもない

でも、私にとって
どんなときでも
最高を目指して頑張ってる
私が1番スキ

지금은 쉬는 시간

초판 1쇄 인쇄 2010년 5월 15일
초판 1쇄 발행 2010년 5월 20일

지은이 | 楊允晶
펴낸이 | 金泰奉
펴낸곳 | 도서출판 띠앗
등 록 | 제4-414호

편 집 | 박창서, 김주영, 김미란, 이혜정
마케팅 | 김영길, 김명준
홍 보 | 장승윤

주 소 | (우143-200) 서울시 광진구 구의동 243-22
전 화 | (02)454-0492(代)
팩 스 | (02)454-0493
이메일 ddiat@ddiat.co.kr
홈페이지 www.ddiat.co.kr

값 7,000원
ISBN 978-89-5854-076-2 (03810)